AF483042

THEATRE DE LA PANTOMIME FUTURISTE

DIRECTION: MARIA RICOTTI E. PRAMPOLINI

Dessin de Enrico Prampolini.

Le Théâtre de la Pantomime Futuriste que Maria Ricotti et
Enrico Prampolini présentent (avec la collaboration des
Futuristes et Novateurs Marinetti, Russolo, Folgore, Casavola,
Mix, Pratella, Respighi, Davico, Casella, Sommi-Picenardi,
Polignac, Scardaoni, Bontempelli et Orazi) est anticlassique.

Le Théâtre de la Pantomime Futuriste supprime le jeu
facile et linéaire de l'artiste qui se borne à traduire ou à
décrire dans l'espace ce que la musique exprime dans le temps.

Il s'agit d'abandonner le décorativisme mimique, qui est
surface, pour entrer dans le domaine de l'architecture,
qui est profondeur.

Tous les éléments de musique, de peinture et de geste
doivent s'harmoniser entre eux sans perdre leur indépendance.

Le rythme du son et ceux du décor et du geste doivent créer
un synchronisme psychologique dans l'âme du spectateur.
Ce synchronisme, qui n'a rien à voir avec l'accord extérieur
et mécanique des trois arts, répond totalement aux lois de
la simultanéité qui règlent déjà la sensibilité futuriste
mondiale.

Spectacle d'intuition et d'instinct, parfois antilogique, la
Pantomime futuriste s'adresse à toutes nos facultés quand
elles jouent leur rôle simultanément.

Au Théâtre de la Pantomime Futuriste Enrico Prampolini
est présenté en outre le nouvel orchestre de Russolo formé
du Rumorharmonium (synthèse des bruiteurs) et des
archets enharmoniques inventés par Russolo.

MARIA RICOTTI

Par des moyens d'une simplicité raffinée, par la puissance du regard, par le progrès d'un geste lentement défait, elle devient comme un poème animé. Et elle donne un spectacle d'une beauté émouvante, singulière.

HENRY BIDOU.

...Mlle Ricotti a un grand talent, elle prouve une fois de plus que la sobriété, le sacrifice des détails, la réticence, sont le vrai raffinement... En somme, que l'art dépouillé est le seul enchanteur. Goya l'a prouvé et aussi les anciens mimes de Naples qui n'avaient rien à voir avec les écoles.

PIERRE LAPRADE.

Maria Ricotti est la grande tragédienne du silence. Elle s'en empare comme d'un moyen d'expression. Elle le modèle comme argile et en fait un sobre et émouvant monument à la gloire de la beauté.

PIERRE LAZAREFF.

MARIA RICOTTI dans *LE DRAME DE LA SOLITUDE*

Pantomime de Luciano Folgore.

Musique de Guido Sommi-Picenardi.

Costumes de E. Prampolini.

ENRICO PRAMPOLINI
DE MODÈNE

Directeur artistique du « Théâtre de la Pantomime futuriste ».
Auteur des pantomimes *Le Marchand de Cœurs, Sainte Vitesse, Popolaresca.*

Avec Mlle Maria Ricotti, Enrico Prampolini a créé le « Théâtre de la Pantomime futuriste » pour réaliser un nouveau genre de spectacle, dans lequel l'action mimique, la musique, la chorégraphie et la scénographie s'intègrent harmonieusement, suivant un rythme, une ligne et un style tout à fait originaux.

Mise en scène, chorégraphie, décors, architectures scéniques lumineuses, costumes, automates, machines : avec ces moyens, Enrico Prampolini veut réaliser les innovations qu'il a exposées avec passion depuis des années au moyen de nombreuses œuvres, victorieusement quoique partiellement essayées dans plusieurs mises en scène, et qu'il a enfin présentées (réalisées en dessins et en plastique) à l'Exposition internationale des Arts décoratifs à Paris, s'attribuant — seul entre les artistes des toutes les nations — le Grand Prix pour la scénographie.

Mais Prampolini n'est pas seulement un scénographe, il est avant tout et surtout un peintre.

Il appartient depuis 1913 au mouvement futuriste dont il a été un des plus actifs, ardents et énergiques propulseurs.

En tant que peintre, sculpteur et scénographe, il a participé à plus de 70 expositions, en Italie, en France, en Allemagne, en Autriche, en Suisse, en Tchécoslovaquie, en Angleterre, à New-York, dans l'Amérique du Sud, au Japon.

Il a réalisé des mises en scène, avec des décors de sa création :

à Rome (« Teatro del Colore », dont il était régisseur) : *Vulcano* - - en compagnie de Pirandello - -, *I Prigionieri*, de Marinetti, et *Matum et Tevibar*, de P. Albert-Birot ;

dans les autres principales villes d'Italie, en tournée avec la Compagnie Synthétique Futuriste ;

à Prague : *Le Tambour de feu*, de Marinetti, et *Théâtre synthétique futuriste ; Le Cadran de l'amour*, de L. Folgore ; *L'Ile des singes*, de L. Antonelli, etc.

Comme publiciste, il a fondé en 1916 la revue *Noi*, qu'il dirige encore. Depuis longtemps critique d'art du quotidien de Rome *l'Impero* et collaborateur de nombreux journaux et revues italiens et étrangers, dans lesquels il a publié depuis 1913 des articles, manifestes, polémiques, critiques, il a fondé et dirige *l'Esprit Nouveau* avec P. Dermée et Seuphor à Paris. Il a exercé son activité exceptionnelle dans de multiples initiatives, parmi lesquelles nous nous contentons de rappeler la fondation et direction (1918-1921) de la « Maison d'Art italien » (expositions, théâtre, conférences, concerts d'avant-garde) et les mandats qui lui ont été confiés par le gouvernement italien à titre de commissaire artistique à Genève (1920), Dusseldorf (1922), Vienne (1924). Prampolini a été en outre le promoteur d'expositions d'art d'avant-garde en Italie, à Prague (1921), à Berlin (1922), New-York (1926).

Sa participation théorique, faite d'expériences et de recherches, qu'il a portée à l'art futuriste dans tous les domaines, a été très grande ; et la réalisation pratique de ses idées a toujours été personnelle. Il a créé, dans la peinture et la sculpture, un style que plusieurs artistes, tant en Italie qu'à l'étranger, suivent avec une fidélité de disciples.

Aux arts décoratifs, il a apporté sa contribution d'une façon très appréciable, en créant et construisant des meubles futuristes et en décorant complètement des habitations et des établissements publics. Dans chaque branche de l'art décoratif (céramiques, métaux, travaux sculptés, tapis, panneaux, lampadaires, tissus peints), il s'est affirmé et a toujours obtenu du succès parmi les artistes et le public, ainsi que des acquisitions et des encouragements de la part des gouvernements, en Italie comme à l'étranger.

Décor du troisième tableau du *MARCHAND DE CŒURS*, rêve mimique par Enrico Prampolini.
Musique de Franco Casavola.

VLADIMIR GOLSCHMANN

Français de parents russes, Vladimir Golschmann est né à Paris le 16 décembre 1893.

En 1919, il fonde les concerts qui portent son nom.

Vladimir Golschmann dirige les représentations de la Pavlova, de Loïe Fuller, les Ballets russes de Serge de Diaghilew et, durant deux années, les Ballets suédois de Rolf de Maré. Il conduit à Paris les Concerts Pasdeloup et en province dans toutes les grandes villes : Marseille, Lyon, Bordeaux (Concerts Sainte-Cécile) ; Nantes (Schola Cantorum) ; à Bruxelles, les Concerts Populaires, au Théâtre de la Monnaie et au Conservatoire ; aux États-Unis, à New-York, Washington, Philadelphie, Toledo, Dayton, Columbus, Cleveland, Syracuse, Rochester, etc. En 1924, Walter Damrosch l'invite à diriger The New-York Symphony Orchestra ; son succès est tel qu'il est immédiatement réengagé pour l'année suivante. Cette saison, Vladimir Golschmann a partagé son activité entre les représentations du Théâtre Beriza et les concerts symphoniques qu'il a conduits en France et à l'étranger.

LUIGI RUSSOLO

Inventeur de l'orchestre des Bruiteurs des pantomimes : *Trois moments*, de L. Folgore; *Sainte Vitesse*, de E. Prampolini.

Le premier groupement futuriste (1909) compta parmi ses adhérents Luigi Russolo, peintre audacieux. Mais Russolo peintre a cédé à Russolo inventeur et réalisateur de l' « Art des Bruits ».

L'instauration du « son-bruit », proclamée par Russolo en 1913 au moyen d'un manifeste qui suscita une véritable bataille, correspond à une nécessité psychologique et esthétique qui nous est propre (l'orchestration moderne est un essai continu d'interprétation musicale du bruit) et oppose à la variété limitée des sons des instruments musicaux, la variété infinie des résonances que l'on trouve dans les bruits naturels et de la vie. Reproduire et entonner les bruits si nombreux afin de multiplier les résonances orchestrales et les harmoniser : voilà la source d'une nouvelle musicalité, vaste, riche de possibilités, s'adaptant parfaitement aux nuances de notre sensibilité. Luigi Russolo a admirablement réalisé son idéal, en construisant les « bruitharmoniums », genre de grands pianos dans lesquels les différents sons peuvent être obtenus au moyen du simple déplacement d'un registrateur, comme dans les harmoniums, et l' « archet enharmonique » avec lequel il a rajeuni l'ensemble des instruments à archet, en transformant leur timbre et en multipliant leurs possibilités.

F.-T. MARINETTI

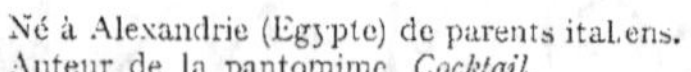

Né à Alexandrie (Egypte) de parents italiens.

Auteur de la pantomime *Cocktail*.

Qui ne se souvient du geste créateur et puissamment subversif de Marinetti, lorsqu'il lança, en 1910, d'une façon épique, dans les colonnes du *Figaro*, la proclamation de la fondation du Futurisme ?

Le ton prophétique et plein de verve, l'attrait de ce lyrisme agressif, la simplicité et l'originalité des idées proclamées avec la violence d'un coup de cravache, faisaient de cette proclamation incendiaire le premier chapitre de la rénovation spirituelle et intellectuelle de notre temps. Ces proclamations théoriques se multiplient bientôt, la propagande du nouveau *mouvement* se répand rapidement, envahit la France, l'Angleterre, l'Espagne, l'Allemagne, la Russie, l'Egypte, l'Inde, l'Amérique, le Japon.

Les proclamations — véritables bulletins de la guerre spirituelle — se suivent ; leur influence s'étend du domaine littéraire au domaine plastique, du musical au politique, et le futurisme s'affirme, en un laps de temps très bref, comme étant un système complet, littéraire, artistique, éthique et politique. Bientôt non seulement les futuristes italiens, mais toutes les écoles italiennes et étrangères que nous dénommons synthétiquement «d'avant-garde», se rallièrent rapidement aux principes de Marinetti.

Paul Claudel a proclamé Marinetti «un des deux ou trois plus grands poètes contemporains ».

En effet, Marinetti, apôtre d'un renouvellement éthique et esthétique, dynamiseur de la vie, est surtout un artiste, un poète, le plus audacieux et le plus original poète de nos jours. En France, surtout, il est trop connu pour qu'il soit nécessaire de nous attarder au sujet de son œuvre à la fois ultradynamique, originale, variée et complexe : il est poète, romancier, écrivain lyrique, fondateur et directeur de journaux et de revues, conférencier, polémiste, créateur du nouveau lyrisme et des « mots en liberté », idéateur du théâtre synthétique. Il est, sans aucun doute, une des personnalités les plus typiques et représentatives de notre temps, l'agilisateur et l'électrisateur de la sensibilité artistique de nos jours.

L'auteur du *Roi Bombance* est un grand ami de la France.

LUIGI PIRANDELLO

de GIRGENTI (Sicile).

Auteur de *la Salamandre*, rêve mimique.

Luigi Pirandello est le plus grand auteur théâtral italien et, sans doute, un des dramaturges contemporains les plus représentatifs. Il n'a donc pas besoin de présentation particulière.

Pirandello est le créateur d'un nouveau théâtre. Son drame naît d'un ensemble d'éléments : humorisme, cérébralité, jeu de l'antithèse et de la contradiction, triomphe de l'irrationnel, anti-intellectualité, artifice dialectique, réflexion critique. Ce genre de drame peut être considéré comme le plus audacieux des essais pour réaliser sur la scène un procès intérieur d'états d'âme, qui aient été faits jusqu'à présent en Europe.

Mais ce puissant dialectique, ce créateur de nouvelles fictions tragiques, est aussi un romancier profond et un très fécond écrivain de contes paradoxaux, agiles, complexes, originaux ; il n'a, d'autre part, pas négligé la poésie et la critique.

Son activité multiforme d'écrivain s'est dernièrement confondue avec son activité de directeur de théâtre.

Citons ici les plus importantes parmi ses œuvres :

Critique : *L'Humorisme.* — Poésie : *La Zampogna, Fuori di chiave.* — Romans : *Il fu Mattia Pascal, Si gira... Les Vieux et les Jeunes, Il turno, L'Excluse, Uno, nessuno, centomila.* — Contes : *Contes d'une année.* — Théâtre : *Chacun sa vérité, Il piacere del l'Onesta, Due in una, Ma non è una cosa seria, Lumie di Sicilia, Henri IV, Il berretto a sonagli, La patente, Vestire gli iugnudi, La Vita che ti diedi, Ciascuno a suo modo, Diana e la Tuda, L'uomo dal fiore in bocca, Six personnages en quête d'un auteur, Pensaci Giacomino, Come prima, meglio di prima, Tutto per bene, L'Homme, la Bête et la Vertu.*

LYDIA WISIAKOVA et VACLAV VELTCHEK
dans les *TROIS MOMENTS*,
antomime de L. Folgore. Musique de Franco Casavola. Bruiteurs de Luigi Russolo.
Décors et costumes de Enrico Prampolini.

LUCIANO FOLGORE

DE ROME

Auteur des pantomimes : *Le Drame de la Solitude ; L'Heure du Fantoche, Trois Moments.*

Poète, humoriste, romancier, auteur dramatique, il est parmi les premiers du Mouvement Futuriste (il en fait partie depuis 1909, année de sa fondation).

Avec F.-T. Marinetti et les premiers futuristes, Folgore a contribué en Italie à l'œuvre puissante et audacieuse de destruction du post-romantisme et de l'esthétisme littéraire, et de leurs propagations ; à la création aussi d'un nouveau lyrisme qui est l'expression d'une nouvelle sensibilité complexe, profonde, agile, dynamique, qui reflète avec une évidence plastique et une richesse de tons exceptionnelle notre conception de la vie, nos besoins esthétiques et spirituels.

Son œuvre de poète — audacieux et intensément lyrique — de parodiste (mordant, très original, cassant et bon enfant), de romancier (paradoxal, fantasque, ironique), d'auteur dramatique (irréel, bizarre, très moderne), se résume à quelques œuvres de grande valeur.

Il a écrit trois recueils lyriques : *Le Chant des Moteurs* (1912) ; *Les Ponts sur l'Océan* (1914) ; *La Ville rapide* (1919) ; deux volumes de nouvelles paradoxales : *Nuda una dipinta* (1924) ; *Ma Cousine la Lune* (1926) ; un roman grotesque : *La Ville des Girofflées;* deux volumes de parodie de la poésie italienne contemporaine ; *Poètes contre lumière* (1922) et *Poètes au miroir* (1926).

Il a publié pour le théâtre : *Cadran d'amour*, pièce en 4 moments et une vision; *Hommes…ombres…fantoches*, synthèse futuriste : *La Machine du Sommeil*, 3 actes synthétiques.

F. BALILLA PRATELLA

de LUGO, Romagne (Italie).

Auteur de la musique pour la pantomime : *Popolaresca*, de E. Prampolini.

Le nom de F. Balilla Pratella est une véritable sonnerie de bataille, symbole de rescousse dans le champ musical. Il appartient à la première petite poignée de fondateurs du Groupe Futuriste (1910) et a engagé, avec ses hardis collègues poètes, peintres et sculpteurs, les premières luttes pour le renouvellement du milieu artistique italien et l'instauration d'un nouvel esprit et d'un art nouveau. Son premier manifeste par lequel il invitait les jeunes à déserter les académies et les concours, à se libérer des « écoles » et des « manières », à déprécier les éditeurs (corrupteurs du goût et valorisateurs de la médiocrité), date de 1910.

Depuis cette époque jusqu'à présent, son activité a toujours été consacrée, avec une foi inébranlable, à l'affirmation absolue et intransigeante de la nécessité de la rénovation musicale. Ses trois « manifestes de la musique futuriste » peuvent vraiment être considérés comme des bornes routières dans l'évolution de l'art musical italien : à ces manifestes Pratella a fait suivre une série d'articles polémiques et d'essais très remarquables qui ont orienté et sauvé beaucoup de jeunes musiciens. Très cultivé, original et méprisant les préjudices, Pratella a composé aussi les poèmes dramatiques pour ses musiques, il a écrit une œuvre technique *(Théorie de la musique)*, recueilli et publié des chorus et des danses du folklore italien, exécuté des réductions et des transcriptions de musiques anciennes, tenu des conférences et dirigé des concerts.

Nous rappelerons ici quelques-unes parmi ses compositions: les deux opéras, *La Sina d'Vargoun* et *L'Aviateur Dro*; les poèmes musicaux *L'Eglise de Polenta, La Mort d'Anita, Lilia, Le Royaume lointain, Romagna*: trois « *États d'âme dramatisés* » : l'*Hymne à la Vie*, plusieurs suites, sérénades, chorus, danses, musiques lyriques pour chant et piano.

Balilla Pratella a été le voronofisateur de la musique italienne.

VACLAV VELTCHEK

LYDIA WISIAKOVA

LE MARCHAND DE CŒURS.

La Bouteille dans *COCKTAIL*.

Le Nègre civilisé dans
COCKTAIL.

MAQUETTES DE COSTU

Décor dynamique de Enrico Prampolini pour *COCKTAIL*
Pantomine par Marinetti, musique de Silvio Mix.

La Nymphe dans
LES TROIS MOMENTS.

La Duchesse dans
NAISSANCE D'HERMAPHRODITE.

POPOLARESCA.

ENRICO PRAMPOLINI.

Décor plastique et filmé par Enrico Prampoloni pour *L'HEURE DU FANTOCHE.*
Pantomime de Luciano Folgore. Musique d'Alfredo Casella.

OTTORINO RESPIGHI

DE BOLOGNE

Auteur de la musique pour la pantomime : *La Naissance d'Hermaphrodite*, de V. Orazi.

Le nom de Respighi signifie génialité, aristocratie, vaste culture. La musique italienne moderne le compte parmi ses plus éminents représentants.

Compositeur, chef d'orchestre, violoniste, il a laissé des traces indélébiles dans chacun de ces arts, en se révélant un artiste typiquement personnel.

Comme compositeur, il a donné, en 1900, un concerto, un quintette, une fantaisie, l'opéra-comique *Re Enzo*, joué à Bologne, de la musique pour les œuvres lyriques d'auteurs anciens et modernes, des compositions pour piano.

En 1910 il obtient un grand succès avec l'opéra *Sémiramis*, joué à Bologne, et avec le petit poème *Aretusa* pour chant et orchestre.

En 1913 il gagne le concours pour l'enseignement de la composition au lycée de S. Cecilia à Rome. C'est pendant son séjour à Rome que Respighi déploie une activité intense en tant que compositeur. C'est à cette époque qu'il composa l'opéra *Maria Vittoria*, le poème lyrique *Tramonot*, pour chant et quatuor, la *Sensitiva*, une « chanson-danse », une puissante « symphonie dramatique », jouée à l'« Augusteo » de Rome, et le poème symphonique *Fontane di Roma*, la plus connue de ses compositions pour orchestre.

Il a donné en dernier lieu : *La Boutique fantasque* (jouée par la troupe des Ballets russes Diaghilew), la *Belle au bois dormant*, le *Concerto Gregoriano*, les poèmes symphoniques *La Primavera* et *I pini di Roma*, l'opéra *Belfagor*, joué à Milan et à Hambourg. Parmi ses dernières compositions il faut noter une « suite » de danses d'autrefois, un quatuor dorique, *Arie scozzesi*, *Vetrate di chiesa* (préludes pour orchestre) et le poème symphonique *Nerone*, la *Laude di Natale*, l'opéra *La Campana sommersa* auxquels il travaille actuellement.

Comme chef d'orchestre et pianiste, il a donné des récitals en Italie, en Allemagne, en Russie, en Amérique. Nous lui devons aussi des transcriptions géniales de musiques d'auteurs anciens (Porpora, Veracini, Vivaldi, Monteverde) et d'airs pour luth du XVIe siècle, jouées en Italie et à l'étranger.

ALFREDO CASELLA

Auteur de la musique pour la pantomime : *L'Heure du Fantoche*, de L. Folgore, Alfredo Casella, de Turin, est le plus dynamique des musiciens italiens ; très connu en Italie et à l'étranger comme compositeur génial, pianiste incomparable et chef d'orchestre.

Le maestro Casella, d'un tempérament très batailleur, a créé un nouvel et audacieux genre de musique qui adhère parfaitement à notre sensibilité d'avant-garde, et a opposé une vive critique (voir la revue *Nova Ars*, qu'il a fondée et dirigée) aux vifs sarcasmes et à l'ignorance des pédants. Il a toujours été un courageux propagandiste des nouvelles musiques italienne et étrangères au moyen de concerts, de récitals de piano, etc.

Ce musicien typiquement représentatif est tellement connu, surtout à Paris, qu'il suffit de rappeler qu'il a étudié au Conservatoire de Paris avec Diemer pour le piano et avec Fauré pour la composition ; qu'à Rome il a tenu, pour quelque temps, la chaire de composition à l'Académie de S. Cecilia ; qu'il a donné des récitals d'orchestre et de piano dans tous les pays d'Europe et plusieurs fois en Amérique, obtenant toujours un grand succès auprès du public et de la critique.

Ses compositions les plus connues sont : *Italia, Notte di Maggio, Elegia eroica, Adieu à la Vie, A notte alta, Il Convento sull' acqua* (ballet joué à la Scala de Milan), *Partita, La Giara* (ballet joué au Metropolitan de New-York), *Concerto romano* (pour orgue et orchestre), *Scarlottiana* (joué à New-York et récemment à Naples).

MURA
dans *LE MARCHAND DE CŒURS*
Pantomime de Enrico Prampolini.
Musique de Franco Casavola.

TOSHI KOMORI
dans *URASHIMA*
Pantomime de Armande de Polignac.
Décors et costumes de Enrico Prampolini.

Photo Nakagawa.

FRANCO CASAVOLA

Auteur de la musique pour les pantomimes : *Trois Moments*, de L. Folgore, et *Le Marchand de Cœurs*, de E. Prampolini.

Appartient au Groupe Futuriste, auquel il a donné un concours appréciable en tant que compositeur et théoricien. Il a écrit récemment *Entraînement à la Folie*, livre cassant, véritable couperet enfoncé dans la lourde réalité de nos jours, toujours disposée aux compromis. Quoique jeune, ses compositions musicales sont vraiment remarquables par leur valeur intrinsèque et leur nombre. Nous citerons, en dehors des nombreuses compositions lyriques pour chant et piano, le ballet : *Hop-Frov*, en trois tableaux (d'Edgar Poe); *La Nuit de Saint Pierre*, action chorégraphique sur vers de E. Cavacchioli; *Anikann du 3000*, ballet mécanique; *Etats de Bonheur*, ballet en un tableau, paroles de G. Couvandini; *Les Trois Moments*, ballet de L. Folgore. En ce qui concerne la musique symphonique et de salon, on peut citer : *Crapauds au clair de lune*, suite romantique en trois époques; *La Danse de l'Hélice*; *Atmosphère printanière*; le prélude et les « intermezzi » pour *Prisonniers*, de F.-T. Marinetti; *Ritornello azur*; *Le Bossu du Calife*, comédie lyrique, paroles de A. Rossato; *Le Miroir*, drame mimique, en préparation. Toute l'œuvre de Casavola est caractérisée par l'efficacité avec laquelle il obtient l'expression dans le plus bref délai; c'est une qualité éminemment moderne et futuriste. Il n'aime pas et n'emploie jamais les longs et ennuyeux développements de thèmes à transformation, évite la procédure académique; émotion musicale, pathos, intensité, tout, chez lui, est obtenu avec une rapidité synthétique et définitive.

MASSIMO BONTEMPELLI

de Rome, est l'auteur de la musique pour le rêve mimique de Luigi Pirandello : *La Salamandre*.

Parmi les gens de lettres qui ont vécu notre époque le plus intensément et qui ont le plus contribué à en fixer les traits, Massimo Bontempelli occupe le premier rang; c'est un audacieux, un hypersensible, un lyrique déformant la réalité, un explorateur infatigable des zones les plus obscures de la pensée et de l'esprit.

Sa vie reflète le dynamisme de sa vie : professeur, journaliste, puis valeureux combattant et enfin pur *homme de lettres*.

Mais avec son âme d'artiste si complexe et sa sensibilité latine ouverte à toute expression esthétique, Bontempelli a été aussi un musicien exquis.

Il commença à composer de la musique en 1919. Rappelons les « interludi » qui accompagnent sa farce *Haie au Nord-Ouest* (œuvre d'un précurseur) et cette *Salamandre* encore inédite de nos jours.

Son activité d'écrivain remonte à l'année 1925 (il était âgé de vingt ans à peine); il avait publié plusieurs volumes d'empreinte classique.

Rappelons parmi ses œuvres *La Vita operosa*, *Viaggi e scoperte*, *La Scacchiera davanti allo specchio*, *Eva ultima*, *La Donna dei miei sogni*, *La Donna del Nadir*; et les pièces de théâtre : *Haie au Nord-Ouest*, *La Guardia alla luna*, *Nostra dea*.

Il a fondé récemment la revue *900*, publiée en français, dans laquelle il a accueilli des artistes et des écrivains qui aiment à s'intituler *neufcentistes*.

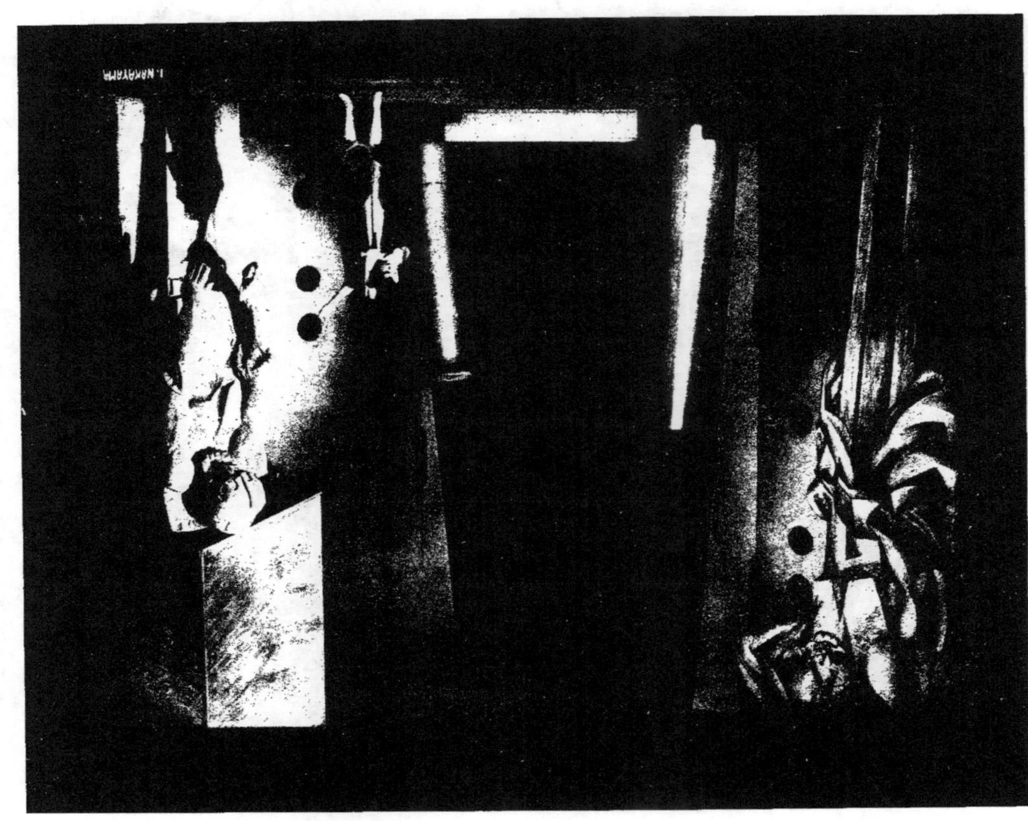

MARIA RICOTTI dans *LE DRAME DE LA SOLITUDE*
Pantomime par Luciano Folgore. Musique de Guido Sommi-Picenardi.

ARMANDE DE POLIGNAC

fit ses études de contrepoint et de fugue avec Eugène Gigout, travailla ensuite la composition à la Schola avec Vincent d'Indy.

Parmi ses œuvres principales :

La Source lointaine, ballet persan donné au Théâtre des Arts sous la direction de Jacques Rouché ;

Les Mille et Une Nuits, ballet donné par Loïe Fuller à l'Odéon, — au Châtelet où l'auteur le dirigea elle-même une vingtaine de fois, — ensuite à Bruxelles où l'auteur le dirigea six fois ;

Judith, scène dramatique, chantée à l'Opéra (direction J. Rouché) par Litvinne ;

Chimères, ballet dansé par Loïe Fuller, à l'Opéra, quelques années après la guerre.

Parmi les œuvres inédites, un grand opéra en 4 actes d'après *Morgane*, de Villiers de l'Isle-Adam ; un opéra-comique en un acte, *l'Hypocrite sanctifié*, d'après Max Beerbohm ; *Trois fables de La Fontaine* en saynète, un *Quintette* (édité chez Ricordi), un *Quatuor* à cordes, une *Sonate* pour piano et violon (éditée chez Fürstner), des mélodies et morceaux de piano, etc.

SILVIO MIX
DE TRIESTE

Auteur de la musique des pantomimes : *Cocktail*, de F. T. Marinetti, et *Extase paradisiaque de Sainte Thérèse*, de V. Orazi.

En décembre de l'année passée, M. Prampolini confiait à un très jeune maestro italien la direction de l'orchestre du « Théâtre de la Pantomime Futuriste » : Silvio Mix acceptait avec enthousiasme en se mettant au travail avec ardeur ; mais en février dernier, la mort faucha l'existence de ce génial artiste qui, quoique jeune, s'était déjà acquis dans sa patrie une renommée enviable.

Silvio Mix était doué d'une grande passion : il voulait donner à l'Italie un art complètement original qui fût une merveilleuse synthèse de la richesse héritée de la tradition et l'expression vive et typique de la modernité, manifestée par des formes nouvelles et audacieuses.

Il appartenait au mouvement futuriste, et, avec Marinetti, il avait donné dans vingt-huit villes d'Italie une série de récitals mémorables, obtenant toujours des applaudissements enthousiastes et même l'assentiment de la critique.

Toujours prêt à l'action et à la lutte pour le triomphe de son audacieux idéal de renouvellement esthétique, ardemment épris de son art, très sensible et très généreux, Silvio Mix était aussi un fin écrivain. Critique musical du quotidien *l'Impero*, il nous a laissé une série d'articles vraiment appréciables pour la contribution qu'ils apportent à la solution de très importants problèmes musicaux. Parmi ses compositions les plus connues, il faut citer la *Symphonie astrale*, la symphonie pour *l'Angoisse des Machines*, de Ruggero Vasari, les *Musiques géométriques*, un *Quartetto*, l'*Hymne impérial*, les partitions pour *Cocktail* de F. T. Marinetti et pour l'*Extase paradisiaque de Sainte Thérèse* de V. Orazi.

BIBI ROSE

LADA ARNEVA

GILBERT BAUR

VITTORIO ORAZI

Auteur des pantomimes : *La Naissance d'Hermaphrodite* et *L'Extase paradisiaque de Sainte Thérèse*.

Il affirme son activité littéraire à Rome, où il est critique du quotidien *l'Impero* et rédacteur en chef de la revue futuriste *Noi*.

Il est le plus renommé parmi les écrivains du futurisme, qu'il a soutenu avec ténacité et génialité, en publiant de nombreux essais critiques et articles dans des revues et journaux italiens et étrangers.

A son activité critique et polémique — concernant aussi les arts plastiques et la musique — il faut ajouter son activité littéraire, purement d'avant-garde. Vittorio Orazi a écrit des pièces lyriques et des poèmes en prose d'une modernité incontestable, comme conception et comme expression, et d'une harmonie de forme classique ; il a écrit en outre deux petits poèmes dramatiques : *La Voix de la fontaine* et *La Mort de Pierrot* ; un recueil d'aphorismes : *Méduse et les Pétrifiés* ; il a en préparation un roman synthétique, une série d'impressions lyriques d'Égypte, du Soudan et de la Libye ; une brochure d'essais critiques.

V. Orazi a traduit un roman de Mme Stern, *Aurore d'un idéal*, et une pièce d'avant-garde de Pierre-Albert Birot, *Matoum et Tevibar*, jouée à Rome en 1919.

VICENZO DAVICO

Né en 1889, V. Davico fit ses études au Conservatoire de Leipzig dans la classe de composition de Max Reger et y fut diplômé brillament en 1911.

V. Davico se signala très tôt parmi les compositeurs de la jeune école italienne, puisqu'en 1911 d'abord, et en 1913 ensuite avec *Malipiero*, ses œuvres furent classées premières dans deux importants concours à Rome.

Sa production, très vaste, comprend plusieurs œuvres symphoniques, une *Sonatina rustica*, pour violon et piano, les *Variations carnavalesques*, pour violoncelle, un *Trio*, des *Nocturnes*, *Douze Impressions* pour piano, et de nombreuses mélodies.

L'Opéra de Monte-Carlo joua en 1920 sa *Dogaressa* et l'année suivante, aux Concerts classiques de cette même ville, on exécuta sa *Tentation de Saint Antoine*, opéra de concert, sur le texte original de Gustave Flaubert. Les œuvres de Davico commencent à connaître une belle diffusion dans le monde international de la musique, et à Paris d'éminents chefs d'orchestre, comme MM. Chevillard, Pierné, Paray, ont fait connaître quelques-unes de ses œuvres symphoniques.

GUIDO SOMMI - PICENARDI

Auteur de la musique pour la pantomime : *Le Drame de la Solitude,* de L. Folgore.

Ce jeune musicien, élève du maestro Pizzetti, n'appartient à aucun groupement artistique spécial, mais, étant donné le caractère de son art, il peut être considéré comme un artiste d'avant-garde.

Il recherche la simplicité mélodique dans un encadrement rythmique très complexe et dans une harmonie très moderne.

Il est surtout un créateur de ballets. En 1921, après avoir écrit des ballets joués à un théâtre russe d'avant-garde à Rome, il composa la *Tragédie du magicien Ballanzon,* pantomime jouée par la troupe de Ileana Leonidoff en Italie et à l'étranger en 1925 ; *Le Paravent chinois,* ballet qui se joue encore au Théâtre de la Monnaie de Bruxelles ; ensuite les ballets *La Tour rouge* et *La Chambre 77* (grand succès au « Théâtre des Indépendants » de Rome) ; *La Maison du jardin,* comédie musicale [jouée au Théâtre de L. Pirandello à Rome, et, dernièrement, *Le Drame de la Solitude,* pantomime expressément composée pour le « Théâtre de la Pantomime futuriste » de Paris.

Guido Sommi-Picenardi nous a donné aussi un opéra-comique en trois actes, *La Briosa,* dont le livret a été écrit par le jeune écrivain français Gautier-Vignal, œuvre déjà achevée, mais pas encore jouée, et finalement le *Macbeth,* d'après la tragédie de Shakespeare.

FRANCESCO SCARDAONI

Auteur de la musique de *Arlequin et Travestis.* Journaliste, écrivain, musicien, Francesco Scardaoni a exploité tour à tour ses différentes aptitudes.

Comme écrivain, il appartient au genre le plus moderne et d'avant-garde. Il est auteur de plusieurs œuvres, telles que : *Ciriche, Variazioni sopra un tema sentimentale, Nel grande silenzio,* etc. Il est également auteur d'importantes œuvres critiques musicales et littéraires et notamment d'une théorie de la tragédie.

Comme musicien, il a écrit de la musique de chambre et quelques ballets, dont *Le Furioso* qui a obtenu un grand succès à Rome.

Arlequin et Travestis a été écrit spécialement pour le « Théâtre de la Pantomime ».

Deuxième tableau des *TROIS MOMENTS*, pantomime par Luciano Folgore, musique de Franco Casavola, orchestre de bruiteurs de Luigi Russolo.
Décor par Enrico Prampolini.

Costume de faune dans les *TROIS MOMENTS*, de Luciano Folgore, musique de Franco Casavola, orchestre de bruiteurs de Luigi Russolo.

théâtre de la pantomime futuriste

direction artistique : maria ricotti, enrico prampolini.
mise en scène par enrico prampolini.
chef d'orchestre : vladimir golschmann.
orchestre des bruiteurs dirigé par luigi russolo.
secrétaire général : daniel lazarus.
décors exécutés par canu, edelson, reth.
décors instantanés par budkovski-kibaltchich.
costumes créés d'après les maquettes de enrico prampolini
*par l'*atelier mistinguett *et la* maison pascaud.
masques et automates de marie wassilieff.

répertoire de la première série de spectacles

la naissance d'hermaphrodite
pantomime de vittorio orazi.
musique de ottorino respighi.

l'agonie de la rose
action mimique. musique de vicenzo davico.

trois moments
pantomime par luciano folgore.
musique de franco casavola.

popolaresca
pantomime de enrico prampolini.
musique de balilla pratella.

le drame de la solitude
pantomime par luciano folgore.
musique de guido sommi-picenardi.

arlequin et travestis
pantomime et musique de francesco scardaoni.

le marchand de cœurs
rêve mimique par enrico prampolini.
musique de franco casavola.

interprétation mimique
de maria ricotti sur musique de debussy, albeniz et grieg.

urashima
pantomime japonaise.
musique d'armande de polignac.

cocktail
pantomime par f.-t. marinetti, musique de silvio mix.

répertoire de la deuxième série de spectacles

sapho
pantomime par vittorio orazi.
musique de vicenzo davico.

l'heure du fantoche
pantomime de luciano folgore.
musique d'alfredo casella.

la salamandre
rêve mimique par luigi pirandello.
musique par massimo bontempelli.

l'extase paradisiaque de ste thérèse
pantomime par vittorio orazi.
musique de silvio mix.

sainte vitesse
pantomime par enrico prampolini.
bruiteurs de l. russolo.

le mariage de la tour eiffel
pantomime par jean cocteau.
musique de darius milhaud.

psychologie des machines
pantomime mécanique de enrico prampolini.
musique de silvio mix.

mise en scène, décors et costumes
de enrico prampolini

M. et J. DE BRUNOFF
Éditeurs
32, Rue Louis-Le-Grand, 32
PARIS